快乐读书吧 推荐阅读

# 小鲤鱼跳龙门

金 近/著

中国·广州

图书在版编目(CIP)数据

小鲤鱼跳龙门 / 金近著. —广州：广东旅游出版社，2020.6
ISBN 978-7-5570-2122-1

Ⅰ.①小… Ⅱ.①金… Ⅲ.①童话—作品集—中国—当代 Ⅳ.①I287.7

中国版本图书馆 CIP 数据核字(2020)第 028363 号

# 小鲤鱼跳龙门

XIAOLIYU TIAO LONGMEN

出 版 人：刘志松
策划编辑：蔡　璇
责任编辑：贾小娇
封面设计：宋双成
责任校对：李瑞苑
责任技编：冼志良

| 出　　版：广东旅游出版社出版发行
| 地　　址：广州市越秀区环市东路338号银政大厦西楼12楼
| 合作电话：020-87347732
| 邮政编码：510060
| 印　　刷：唐山富达印务有限公司
| 地　　址：唐山市芦台经济开发区农业总公司三社区
| 开　　本：710mm×1000mm 1/16
| 印　　张：6
| 字　　数：70千字
| 版　　次：2020年6月第1版
| 印　　次：2020年6月第1次印刷
| 定　　价：20.00元

本书如发现印装质量问题，请直接与印刷厂联系调换。

# 前言

本系列结合新课标和统编版教材中关于小学生阅读的建议和要求,选取人教版教材"快乐读书吧"栏目中所要求的必读名著篇目进行出版。收录了《小鲤鱼跳龙门》《小狗的小房子》《"歪脑袋"木头桩》《孤独的小螃蟹》《一只想飞的猫》。作者以可爱的动物形象,塑造了充满情趣的童话世界,故事情节生动有趣,充满无限的想象,以生动的形象和有趣的故事陪伴了几代小读者的成长,体现了在追求中成长,赞扬了不断进取、团结协作的时代精神。抒情诗式的语言不仅展示了时代的新风貌,而且表达了对美好生活的赞美和追求。

# 目 录

小鲤鱼跳龙门 / 1

小喜鹊加加 / 18

小公鸡办好事 / 34

枣树和西瓜藤 / 40

会画图的鸟 / 50

小猫钓鱼 / 60

谢谢小花猫 / 69

小鸭子学游水 / 77

# 小鲤鱼跳龙门

有一个小村庄，远处都是连接着的青山，近处一座山的山脚下，有一条小河，河边种满了杨柳，几棵桃树正吐出鲜红的花朵。燕子在麦田上像箭一样地低低掠过，一下子又飞得很高。蝴蝶和蜜蜂在花丛中穿梭飞舞，闻着花的香味，又在绕着圈子飞。几只蜻蜓落到小河边的一丛菖蒲叶子上，有几条小鲤鱼游过来，望望水面上的蜻蜓，又游开了。

有一条领头的小鲤鱼在河中间叫他们："你们快来，我告诉你们一个好消息。"

小鲤鱼们都围拢来问："什么好消息？"

这条领头的金色小鲤鱼说："我刚才试了试，我能跳过那座小桥啦！"

小鲤鱼们齐声说："你吹牛。"

领头的小鲤鱼说："我为什么要吹牛？要不信，你们来看好啦！"

"好！我们去看他跳过桥去。"

有一座小石桥,桥背是拱起来的,是一座古老的石桥。桥边的石缝里长满了野草,还有一棵小槐树。领头的小鲤鱼摆好跳跃的姿势,他说:"你们瞧着,我跳啦!"他身子往上一纵,只听到啪的一声响,又听到咚的一声,这条领头的小鲤鱼真的从桥这边跳到桥那边去啦!

远远地听到一条老鲤鱼在叫他们,这是小鲤鱼们的奶奶:"孩子们!快快过来。"

小鲤鱼们都游过去了。鲤鱼奶奶很严肃地说:"谁叫你们去跳桥的?这多危险,万一碰在石桥上碰伤了怎么办?"

小鲤鱼们都说:"不会的。"

"碰伤就来不及了,还是让我来给你们讲个故事吧!"

金色的小鲤鱼说:"好,请奶奶讲故事给我们听。"小鲤鱼们排成半个圆圈,把鲤鱼奶奶围了起来。

鲤鱼奶奶就讲故事了:"听老一辈的鲤鱼说,世界上有一个龙门,耸立在大海和大河交界的地方。那龙门挺高挺高的,要是鲤鱼能从这边跳过那个龙门,就能变成一条大龙,可以像云彩一样游到天上去。你们的爷爷,还有爷爷的爷爷,都去跳过那个龙门,可是谁也没有跳过去……"

金色的小鲤鱼问:"奶奶,我能跳过去吗?"

鲤鱼奶奶说:你还小着呢,可千万别去跳,就是将来长大了,也不一定能跳得

过去。"

小鲤鱼们问："奶奶,那个龙门在哪儿?"

鲤鱼奶奶摇摇头说："这我可不知道。"

小鲤鱼们直嚷嚷起来,他们游到一边,大家在悄悄地讲话。领头的金色小鲤鱼跳起来说："哎!你们去不去?我要去找那个龙门,要是能跳过去,变成一条大龙,那多有意思!待在这条小河里闷极啦!"

小鲤鱼们都嚷起来："我去!""我去!""我也去!"

有一条最小的小鲤鱼说："我也要去,可是我跳过去还要回来的。"

金色的小鲤鱼瞧瞧他,不满意地说："那你趁早别去。"

"好,那我去。你们到哪儿,我也到哪儿。"领头的小鲤鱼带着这一群小兄弟,悄悄地游开去了。他们顺着这条大河游着,游着,一直向前游去。那条领头的小鲤鱼一次又一次地往水面上跳着,老是找不到那个龙门,他们不管,还是向前游去。小鲤鱼们都相信,只要耐心地找,一定能找到龙门的。这群小鲤鱼在大河里拐了几个弯儿,再往前游,觉得大河宽多了,水也深了。他们穿过了急流,游到水势缓和的地方,露出水面吐着气,觉得舒服极了。

这时候,最小的小鲤鱼也游了过来,喘着气说:"到哪儿去找龙门呢?"

有一条小鲤鱼也说:"是呀,龙门是

在南边还是在北边?"那条领头的小鲤鱼说:"奶奶不是说了吗,龙门是很高很高的,那一定是在上面,反正我们向上游去,总可以找到龙门的。"于是,这群小鲤鱼又很快地向前游去了。他们穿过水草,很小心地一直向前游着。最小的小鲤鱼一个不小心,尾巴给水草缠住了,怎么也挣不脱。忽然,有谁粗声粗气地喝道:"喂!谁跑到我的树林子里来啦?"小鲤鱼们一看,原来是一只大螃蟹,趴在芦草丛的一块大石头上,挥动着一对长长的大钳子,气势汹汹的,好像要打架的样子。他还在叫嚷着:"快给我跑开!"

到底还是领头的金色小鲤鱼胆子最大,他说:"我们是小鲤鱼。"旁边的小鲤

鱼们也接着说:"我们是来找龙门的,我们要跳龙门。"

大螃蟹听说是跳龙门,就从大石头上爬下来,嘴里不住地叨念道:"跳龙门,好哇!跳龙门,谁叫你们去跳的?"

领头的金色小鲤鱼说:"是我们自己要跳的。"

大螃蟹哈哈大笑起来,他说:"好,你们真是好样儿的。那我帮你们一个忙吧!"说完就张开大钳子,把拦路的水草剪掉了。小鲤鱼们谢过大螃蟹,又向前游去了。

小鲤鱼们游着游着,忽然听到呜呜的叫声。于是,他们就游到水面上去看,以为是一条什么大怪鱼。金色小鲤鱼却

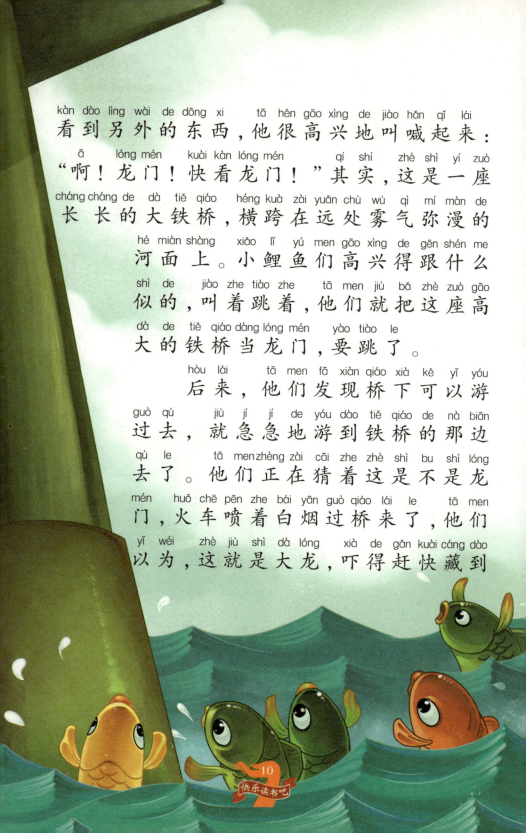

看到另外的东西,他很高兴地叫喊起来:"啊!龙门!快看龙门!"其实,这是一座长长的大铁桥,横跨在远处雾气弥漫的河面上。小鲤鱼们高兴得跟什么似的,叫着跳着,他们就把这座高大的铁桥当龙门,要跳了。

后来,他们发现桥下可以游过去,就急急地游到铁桥的那边去了。他们正在猜着这是不是龙门,火车喷着白烟过桥来了,他们以为,这就是大龙,吓得赶快藏到

水底。等到火车开远了,小鲤鱼们才露出头来看,猜想着这一定是龙,赶快离开这个地方。小鲤鱼们使劲地游着,游到一个急流的水草堆后面,碰见一条大鱼,带着一群鱼娃娃往下边游去。

大鱼看到他们就说:"喂!小家伙,上边去不得,大水会把你们冲跑的,快回去吧!"

小鲤鱼们说:"我们是跳龙门去的。"

大鱼好像不相信似的,摇摇头说:"嘿!跳龙门?别做梦吧!"说着,带着鱼娃娃游开了。

一条大河里,河水更深了。领头的小鲤鱼鼓足力气,噌地往上一跳,他看到前面有什么新奇的东西,想看个清楚,又

噌地一跳,他赶快回到水里对伙伴们说:"我告诉你们,我看到龙门啦!"

"啊?高不高?""在哪儿?"其余的小鲤鱼们一面问,一面扑通扑通地都跳起来看。他们在水里直嚷嚷,每条小鲤鱼都说自己真的看到龙门啦!

那龙门像一座桥,可是没有一个桥洞,高高的,斜样儿的,全是大石块堆砌起来的,又像个山坡。这样高大的龙门,除了往上跳,谁也游不过去的。那上面还插着许多面红旗子,给河面上的风吹得啪啦啪啦直响。他们相信,这是真正的龙门啦!那么,谁能跳过去呢?金色小鲤鱼想试一试,他对伙伴们说:"我先跳过去,你们一个一个跟着来。"说着,他飞

快地向前游去,快游到那个龙门的时候,他真的蹦了起来。这回倒蹦得挺高,可是离龙门还差好多尺呢!金色小鲤鱼又试了几次,都不行。后来,金色小鲤鱼再跳的时候,给一个浪头一拍,弹得很高。他就从这里找出一个办法来。于是,一条小鲤鱼冲过去,跳到半空中,又落下来,另一条小鲤鱼跳上去,把那条快要落下的小鲤鱼弹得很高,弹到龙门那边去了。这样一条顶一条地跳着,最后,金色小鲤鱼自己也给浪头弹过去了。

在龙门那一边,水面平静。小鲤鱼们都浮到水面上来,看到两岸整整齐齐的,像用刀削过一样平滑;岸上还种了柳树和桃树,一棵隔一棵,粉红的桃花和碧

绿的柳树叶子夹在一起,多鲜艳哪!小鲤鱼们浮到水面上,吐着水泡,他们真喜欢这个地方,岸上还能看到漂亮的房屋和迎风飘动的红旗,小鲤鱼们都认为这地方比奶奶讲的故事还美。忽然水面上亮了起来,远处一片**灯火通明**,像白天一样。小鲤鱼们看得很奇怪,以为这些就是星星,疑心自己是在天上啦!他们开始争论起来。

这时候有只燕子飞来了,很惊奇地说:"啊,原来是一帮小鲤鱼,你们怎么过来的?"

小鲤鱼们**七嘴八舌**地说:"我们是跳过来的。"有的说:"我们是飞过来的。"

他们又问燕子,那闪亮闪亮的是不

是星星。燕子笑嘻嘻地说:"那就是传说中的夜明珠。"小鲤鱼们说:"哈!有这么多夜明珠!"燕子叫他们再往远处看,那里更像满天星星。燕子要飞回家去,小鲤鱼们说:"晚上怎么能飞呢?你能看得见路吗?"燕子说:"有了夜明珠,还会看不见路吗?"

领头的金色小鲤鱼想起来了:"燕婶婶,你能帮我们捎个信给奶奶吗?"

燕子一问,原来他们和她住在同一个村子里。金色小鲤鱼就说:"请你告诉我们的奶奶,就说我们跳过龙门啦!"

另一条小鲤鱼说:"这里好极啦,叫奶奶他们快来吧!"

燕子点点头说:"好吧,我一定给你

们捎到。不过这里不叫龙门，叫龙门水库。"

小鲤鱼们说："这都一样，反正这里是个最好的地方。"

燕子说了声再见，在明亮的黄昏中飞回家去了。

小鲤鱼们招招手欢送她。

燕子飞得很快，一眨眼就飞得看不见了。小鲤鱼们

dōu zhè yàng xiǎng nǎi nai hái yǒu bà ba mā ma tīng shuō tā
都这样想：奶奶，还有爸爸妈妈，听说他
men dōu zài zhè lǐ le yí dìng huì hěn kuài bǎ jiā bān guò lái
们都在这里了，一定会很快把家搬过来
de yǐ hòu tā men kě yǐ yí bèi zi zhù zài zhè lǐ la
的，以后他们可以一辈子住在这里啦！

## 词语积累

矗立：高大而笔直地挺立、高耸。
围拢：从周围向某处靠拢。
气势汹汹：形容态度、声势凶猛而嚣张。
七嘴八舌：人多口杂，你一言，我一语，说个不停。
灯火通明：描述灯光火光将黑夜变得非常明亮。

# 小喜鹊加加

人们都喜欢喜鹊,不光是喜鹊这名字好听,长得也很好看,黑白分明的羽毛,修长的身段,又有像裙子一样的长尾巴,一翘一翘的,真讨人喜欢。再站在高高的大树上,喳喳地叫上两三声,嗓音清脆嘹亮,一拍翅膀,又高高地飞开了,不糟蹋一颗粮食,多可爱呀!

有两只小喜鹊,她们是一对姐妹,跟爸爸妈妈住在老杨树上的一个窝里。这

一对喜鹊姐妹,姐姐叫恰恰,妹妹叫加加。这里要讲的是加加的故事。

加加跟姐姐一样,全身的羽毛都长齐了,她学会了飞,就天天飞出去。她看到别的鸟,像全身披着红、绿、黄还带金色的羽毛的雉,灰蓝背脊、红爪子的斑鸠,浓茶色又带有黄白条纹的鹌鹑,觉得都比她自己好看,就是麻黄色的小麻雀,还有红鸡冠配上酱色羽毛的大公鸡,都要比她好看得多。她就天天噘着嘴跟妈妈说:"妈妈,你要是让我长上一身花花绿绿的羽毛,那会有多好看,可现在长得黑一块白一块的,人家见了也要笑话我的。妈妈,请帮我换一身好看的羽毛吧!"

妈妈瞅着小闺女,觉得怪有意思的,

就笑了起来。

她说:"加加,你不想做喜鹊啦?我们喜鹊都是这个样子的,谁也没有说我们长得不好看。要是从喜鹊窝里飞出一只红喜鹊,或者绿喜鹊,那人家才要笑话我们哩。"

姐姐恰恰也说:"妹妹,妈妈说的话很对呀,哪有五颜六色的花喜鹊?咱们生来就是这个样子,这样才好看嘛。"

"好看好看!你去好看吧,我可不喜欢自己身上这一身羽毛。"小喜鹊加加听不进妈妈和姐姐说的话,她总想变一变自己身上的羽毛。

有一天,她飞到动物园里的一棵枫树上,从这里可以瞧见对面的一座孔雀笼子,里面那只大孔雀,瞧着笼子外面的那些游客,有大人也有小孩儿,都眼巴巴等着他表演孔雀开屏。等啊等啊,这孔雀一下子把尾巴毛张开了,正好是半个圆圈,像一把大扇子,大人拍手叫好,小孩儿又蹦又跳,大家看得多高兴啊!

小喜鹊加加竟看得发呆了,差点没站稳要从树枝上滑下来,那孔雀毛的颜色太好看啦!金蓝金蓝的,还有绿的和乌黑的花纹。谁要问世界上哪种羽毛最好看,加加就会说,当然是孔雀的尾巴毛啰。

这个下午,小喜鹊加加就在枫树枝上跳来跳去,老瞧着孔雀那条最好看的

尾巴。一直等到天快黑了，游客们慢慢地散开，都回家去了，加加才有勇气飞到孔雀笼子旁，抓住铁丝笼子上的两个小圆孔，对孔雀说："孔雀大哥，请你送给我几根尾巴毛吧，两根也行。"

孔雀瞧了一下小喜鹊加加，说："你是小喜鹊，要我的羽毛干什么？"

"哎呀，你的尾巴毛太好看啦，你瞧我的尾巴毛，黑不溜秋的，多难看！我想拿你的尾巴毛插到我的尾巴上，那就好看啦！"

孔雀笑笑，他很认真地对加加说："我是孔雀，就长出这样的尾巴毛。你是喜鹊，就有你自己的尾巴毛。要是我的羽毛插到你的身上，倒变得不好看啦。"

"我不信,哪会不好看呢?孔雀大哥,你快给我几根吧!"

孔雀摇摇头说:"我没法儿把自己的羽毛拔了给你,要知道,我少了几根尾巴毛,也会不好看的。"

小喜鹊加加发现笼子里的地面上有一根孔雀尾巴毛,她赶快对孔雀说:"那就把你掉在地上的那一根送给我吧!"

孔雀低头一瞧,真的有一根长长的尾巴毛在地上躺着,他就用嘴捡起来,送到加加的嘴上。加加接过这根孔雀尾巴毛,谢了又谢,她飞回到枫树上去,细心地把这根孔雀毛插到自己的尾巴上,左瞧右瞧,觉得自己一下子变得好看起来啦。她又急急忙忙飞到一条清清的小河

旁,对着河面瞧了又瞧,真是美极啦!她就这样快快活活地飞回窝去了。

到了窝里,爸爸妈妈和姐姐看了,都说不好看。加加不相信,怪他们不懂得什么叫美丽。

第二天清早,她就飞出窝去,要让大家看看,她的尾巴有多好看哪!加加先飞到一个小学校的操场上,停在围墙旁的一棵白杨树上跳着叫着,有意要那些正玩得起劲的小学生来看她。第一个男学生看到了,就叫喊起来:"大家快看哪,一只小喜鹊的尾巴上插着一根孔雀毛!"

十多个男学生和女学生也来看了,他们一边看,一边说:"这只小喜鹊也怪,

插着孔雀毛干什么？"

"这叫臭美，她自己还以为怪好看哩，我看都不想看！"

"哎呀！难看透啦！"还有几个小学生不知道说了些什么，小喜鹊加加没等他们说完，赶快飞走，再要听下去，她实在害臊得没处躲了。她飞着飞着，心里比刀割还难受。只怪这些毛孩子太不懂得美了，他们自己长得不好看，身上也不长一根羽毛，自然不会懂得鸟类的美。算了吧，还是去找有羽毛的公鸡和母鸡吧，他们见了一定会说好看。

她飞到一个养鸡场的冬青树上，这排冬青树是用来做篱笆的，树枝儿整整齐齐地剪得一般高，她就站在这树枝上

面，喳喳叫着。

最先看到她的是一只大公鸡，他昂起脖子对大伙儿说："你们看到没有？那边篱笆上站着一只插孔雀毛的小喜鹊，多像个妖怪呀！"

养鸡场里这些鸡是最会起哄的，这下子你一句我一句地说开了。"瞧她这德行，不像一只喜鹊，更不像一只孔雀，丑死啦！这才叫四不像哩。"

"嘿！我以为是只多么好看的小喜鹊，原来是这么个怪样子，呸呸！我都替她难受。"

"哈哈！这小喜鹊死要好看，打扮成这么个怪模样，快给我飞得远远的，我看了都要恶心！"小喜鹊加加越听越难受，她翅膀一拍,飞得老远,停到一个牛棚前面的草垛上休息,一肚子的气还没处出哩。她轻轻地对自己说:"这些该死的鸡,有什么了不起!你们以为自己都比我好看吗?呸!差大老远哩!"小喜鹊加加想:我就在这里待一会儿,让牛瞧瞧,他们是有名的老实,不会讽刺

挖苦我的。果然，有一头小牛犊，刚从他妈妈的肚子下面吃了奶钻出来，看到小喜鹊加加，就直嚷嚷："妈妈快看！一只插孔雀毛的小喜鹊，她为什么要插这根毛呀？这好看吗？"

母牛抬起头来瞧着，她说："哎，哎，不好看，喜鹊本来就应该是喜鹊的样子，插上孔雀毛倒是难看啦。"还有十几头牛也抬起头来看了，也是一边看一边议论："她不插孔雀毛多好呢，这样不三不四的，把自己都搞成丑八怪了。"

"哎呀！这小喜鹊真傻，干吗要这样打扮，这不是活受罪吗？"小喜鹊加加真想一头钻进草垛里去，她再没法儿往下听啦，赶紧张开翅膀冲出去，自己也不知

道该飞到哪里好,反正一直往前飞,飞,飞。她真想好好哭一场,可是哭有什么用呢?倒霉的是她这身打扮谁也瞧不起,她不想再去找谁看了。飞啊飞啊,竟飞到一座高山顶上来了,她停在一棵松树上,想多休息一阵子,再多想想这究竟是怎么一回事,难道自己插了孔雀毛,真的更难看了吗?

她抬头望望天空,有只老鹰在她头顶上盘旋,慢慢地旋下来,旋下来,一拍大翅膀,也停在这棵松树上了。这只大老鹰瞧见小喜鹊加加,就问:"小喜鹊,你飞到这座山上来干什么呀?"

小喜鹊加加噘着嘴,一副受委屈的样子,对老鹰说:"我插了根孔雀毛,谁

都不喜欢我,说我难看,挖苦我,讽刺我,快要把我气死啦。老鹰叔叔,你瞧瞧,我这尾巴好看吗?"

加加说着,转过身来,把自己的长尾巴翘得高高的,让老鹰多看看。老鹰看了一下就说:"小喜鹊,你插这根孔雀毛干什么?难怪大伙儿都要说你难看啦。你要知道,你们喜鹊有自己的羽毛,那才好看哩,人们都喜欢喜鹊,就是因为喜鹊有个好听的嗓音,喳喳喳喳叫几声,不像麻雀那样啰里啰唆的,也不像乌鸦那样叫起来跟哭一样。你们飞到哪里,就给那里的人们带来快乐。那些诗人还写诗说你们好哩。我们老鹰的羽毛也是一身漆黑,可是人们都爱我们,

说我们不怕疲劳,飞得高,威武勇敢。孔雀的尾巴毛的确很美,可是喜鹊有自己的美,这就是跟你们自己有干干净净的羽毛,还有叫人听了喜欢的嗓音一样。你懂吗?"

小喜鹊加加听老鹰这么一说,知道自己有自己的美,要靠一根孔雀毛来增加自己的美,是不行的。她就转过头去,一下把那根孔雀毛拔掉,扔到地上。她说:"我现在明白啦,我有清脆响亮的嗓音,有一身清洁又漂亮的羽毛,这就是我的美。老鹰叔叔,你愿意听我唱支快乐的歌吗?"

老鹰微微笑着,点点头。小喜鹊加加唱出最好听的歌声,她看到老鹰

tīng de mī qǐ yǎn jing zài xiào
听得眯起眼睛在笑，
jiù gāo xìng de huī huī chì bǎng shuō
就高兴地挥挥翅膀说
le shēng zài jiàn   kuài kuài huó huó de fēi huí wō lǐ qù le
了声"再见"，快快活活地飞回窝里去了。

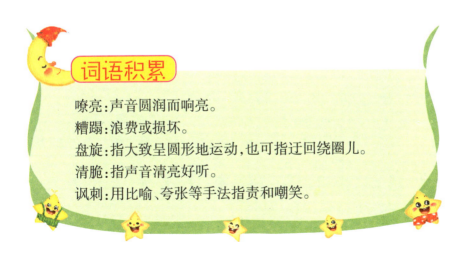

**词语积累**

嘹亮：声音圆润而响亮。
糟蹋：浪费或损坏。
盘旋：指大致呈圆形地运动，也可指迂回绕圈儿。
清脆：指声音清亮好听。
讽刺：用比喻、夸张等手法指责和嘲笑。

# 小公鸡办好事

你别以为小公鸡总是爱打架,爱闹事。有一只小公鸡,他就想为大伙儿办点好事。他自己不知道该怎么办好,就去问麻雀。"麻雀哥哥,我想给大伙儿办点好事,你说该怎么办?"

麻雀根本没有想过这些事,他说:"你想这些干吗?你有这工夫,还不如给我找点吃的。"

小公鸡听了很生气,他说:"你自己

有翅膀会飞,我才不给你找呢!"

小公鸡远远看到有一只仙鹤停在小河边,他跑过去问:"仙鹤阿姨,我想给大伙儿办点好事,请你帮我想想,该怎么办好?"

仙鹤瞧小公鸡的样子挺认真的,就说:"你要办好事,我可以告诉你。不过你要做到三点:第一,你要不怕**艰苦**;第二,办了好事,要不让别人知道;第三,要永远办好事……"

仙鹤说到这里,小公鸡马上说:"这我能做到!我能做到!"

仙鹤给了小公鸡一颗种子,这是一颗通红发亮的扁豆,她再三地说:"你把这颗种子埋到土里去,要看守三天三夜,

可别走开不管。三天过后,你就知道办了件什么好事。往后你还要办好事。这能办到吗?"

"我能办到。"

仙鹤拍拍翅膀飞起来说:"小公鸡,我相信你,快去办吧!"

小公鸡捧着这颗宝贵的扁豆种子,怕给馋嘴麻雀抢走,紧紧夹在翅膀里。他想,该种到哪里好呢?他在村子里跑了一圈,决定种到五保户王奶奶的院子里。王奶奶家里只有她一个人,眼睛瞎了,全靠摸着走路,摸着做饭。吃的、穿的、住的,都归生产队来管。她最需要帮助。

小公鸡悄悄地走进王奶奶的院子,

刨了一个坑,把扁豆种子埋在里面,盖上土,又浇上水,就在那里看守着。他太饿了,就在身边找只虫子吃;太渴了,就在院子的小水潭里喝点水。

他就这样看守着。

三天过去了,第四天清早,天还没有大亮,小公鸡见到这颗扁豆种子长出藤来,像长了眼睛一样,先爬到王奶奶的房檐上,再爬到隔壁那家的

房檐上。这样一家一家爬过去,等村子里的人们起来,只见家家户户的房檐上都爬满了扁豆藤,在密密层层的绿叶子中间,钻出数不清的红里夹白的扁豆花,像张灯结彩,好看极了!全村子的人你问我,我问你,都不知道是谁种的。后来知道这棵扁豆藤长在王奶奶的家里,问王奶奶,她也不知道。小公鸡想,仙鹤阿姨说的第三点,还没做到哩。王奶奶眼睛瞎了,白天黑夜分不清。小公鸡学会了打鸣儿,本来只有早晨叫一遍,现在决定叫三遍,让王奶奶分得清哪是早上,哪是中午和夜晚。后来他天天叫三遍,一天也没停过。王奶奶挺喜欢这只小公鸡,想抓把白米喂他,可是这小公鸡叫过后,

就跑开了。

秋天到了,每家房檐上的扁豆结成了串儿,人们还不知道这扁豆到底是谁种的。

### 词语积累

生气:指发怒,因不合心意而不愉快。
艰苦:艰难困苦。
密密层层:比喻满布的没有空隙。
张灯结彩:挂上灯笼,系上彩绸。形容节日或有喜庆事情的景象。

# 枣树和西瓜藤

一棵枣树的脚旁边,有一块四角方方的小田。往年小田里种的总是老玉米,那个驼背老农夫把种子嵌进泥土里,等到钻出小叶子来的时候,枣树一看就知道是老玉米。

今年呢,枣树看到泥土里钻出来的小叶子的样子有点儿不同,他就弯着腰,问脚旁边的一棵秧苗:"喂喂!小东西,你今年的叶子怎么变阔啦?我问你,你是

老玉米吗？"

"咿呀咿呀！咿呀咿呀！咿呀咿呀！"

小叶子的两只小手拼命地在泥土里乱抓，好像要妈妈喂奶的样子。

"真是个宝贝，还不会说话呢。"枣树伸直了腰，有点儿不高兴，又抬头看远处的风景了。

过了几天，小叶子变得更阔更大了，藤也粗了起来，把叶子抬高了一些。枣树看得很奇怪，他又弯下腰去问："喂！小东西，你长得这样大，该会说话了吧。我问你，你是什么怪东西呀？长得那么笨头笨脑的。"

"四娃四娃。"他脚旁边的一棵秧苗回答。

"什么？"枣树把腰再弯低些，"我不懂，难道你是第四个娃娃吗？"

小秧苗摇摇头，又说："四娃四娃。"

"瞧你这副傻样子，我真看不惯。唉……"枣树叹了一口气，"我还是看看远处的风景来得有趣哇。"

小秧苗出世快到半个月了，满田

的小秧苗都长出了七八瓣大大小小的阔叶子,而且挺着身子爬了开去,枣树脚旁边的那一棵,已经爬到一尺远的地方。枣树知道他们不是老玉米,可是还不懂得他们到底是什么。他又弯下腰去问:"喂!小东西,你们是什么东西呀?我从来也没有看到过这样顽皮的小东西,到处乱爬的。"

他的脚旁边的一棵秧苗说:"我们是西瓜,我们都是西瓜。"

"什么!傻瓜?真的叫傻瓜吗?哈哈!"枣树抬起头来大笑了。

"不,你听错了,我们的名字都叫作西瓜。"他脚旁边的一棵秧苗,说得更清楚些。

"哦,是西瓜,好极了,我最喜欢跟

西瓜做朋友。"

他们就这样做起朋友来了。夏天到了,枣树开出黄黄的小花,像桂花一样的。西瓜也开出淡黄色的花朵来,长长的瓜藤,阔阔的叶子,把四角方方的小田,铺得连一点儿缝缝都找不出来。

这一回,是西瓜问枣树了,那棵西瓜藤抬高了头,瞧着枣树说:"喂,喂,我的好朋友,你的个子这么高,开出来的花为什么那么小呀?你看,我们的花要比你的大得多呢!"

枣树弯着腰说:"你真不懂啊,我们开的花年年都是一样的,去年这么大,今年还是这么大。"

西瓜藤被太阳晒得热了,就拿一片

大叶子不停地扇着。他怪不好意思地说:"我原来想,你的个子这么大,开出来的花一定跟驼背老农夫的箬帽一样大的,想不到只有这么一点大,多么小哇。"

"哦,小!"枣树翻了一个白眼给他看,"你知道什么,我们的孩子比谁的都要多,你猜我将来有多少个孩子呢?你就不知道了吧。"

半个夏天过去了,西瓜藤上最早开出的花,已经变成很大很大的西瓜,枣树上的那些小黄花,也变成了淡黄色的胖胖的鲜枣。

枣树脚旁边的那棵西瓜藤,看看自己牵着的几个大西瓜,再看看枣树上挂着的那些小小的鲜枣,他很神气地问:

"枣树,我的好朋友,你的孩子个子太小了,一点儿也不像你。你瞧我们的西瓜多大!"说着故意把一个大西瓜牵到枣树的脚旁边。

枣树这一会儿挺直了腰,不想看,他说:"我的孩子多,要是每个孩子都长得像你们的西瓜一样大,笨头笨脑的,那我就要被他们拖倒了。"

"我不相信,"西瓜藤摇摇头说,"要是我的身体也长得像你这么高,我带二十四个西瓜都可以。偏偏我只能躺在地上过日子,真没趣。"

这时候,有一个走远路的人经过这里,他走到枣树下面一块阴凉的地方,坐下来休息。隔了一些时候,有一阵风吹

## 枣树和西瓜藤

过,一颗熟透了的枣子被风吹落了,恰巧掉在这个人的头上,"啪!"打得这个人吓了一跳。这个人捡起枣子,送进嘴里吃了,他看了看西瓜田里的西瓜,说:"幸好是一颗枣,要是一个西瓜掉下来,我的脑袋就要给砸伤了。"这个人吃完枣,背脊靠着枣树就呼噜呼噜地睡着了。

枣树忽然想到有话要对西瓜藤说:"喂!喂!你刚才听到这个人说的话了吗?要是西瓜也生在树上,掉下去就会砸伤人呢。"

西瓜藤笑着说:"要是真的叫我的孩子生在树上,我也不愿意。你想,他们顽皮的时候,一个不小心掉下去,就会跌得**粉身碎骨**的。我们住在地上也有好处,我们的朋友比你多,有纺织娘,有蚱蜢,

有蚯蚓,还有金铃子,还有蝈蝈儿,他们天天开音乐会给我们听。你们呢,只有知了和你们做朋友,另外还找得出第二个朋友吗?"

枣树想到自己的朋友那么少,他也很想住在地面上,像西瓜一样生活。

### 词语积累

故意:存心;有意识地。
阴凉:日光照不到,有微风使人感觉凉爽。
顽皮:贪玩爱闹,不听劝导。
粉身碎骨:指身体粉碎而死。
笨头笨脑:笨拙;愚蠢。

# 会画图的鸟

在莲花村里,有个巧手的年轻泥瓦匠,除了砌墙盖房,还能在房檐、走廊上画一手好画。每天,东方还没有露出一丝红光,小泥瓦匠就背上工具袋去做工,天快黑了才回家,还得自己烧饭做菜。他是个孤儿,从小学会单个儿生活,一年一年过去,也习惯了。

一天早上,小泥瓦匠跟平日一样,天刚蒙蒙亮就出门了。他走过一块荒草

## 会画图的鸟

地,发现草堆里有个圆溜溜的东西,捡起来一看,原来是个鸟蛋。他回到家,在衬衣里缝了个小口袋,把这个鸟蛋装进口袋里,这样让鸟蛋天天在他胸口上取暖。

日子过得很快,蛋壳里的小鸟到了该出世的时候,用自己的尖嘴橐橐地敲几下,蛋壳破了,钻出来的是一只黑不溜秋的小鸟。这只小鸟趴在小泥瓦匠的手心里,还站不起来,只会叽叽叫几声。

小泥瓦匠有了这只小鸟,挺喜欢,就用麦糊喂他,还捉了小虫子来喂。慢慢地,小鸟那身软软的黑羽毛发亮了,蜡黄的嘴巴和爪子也是挺好看的。小泥瓦匠很想知道这是只什么鸟,问了有经验的老人,才知道这是一只机灵的小八哥。

小泥瓦匠教小八哥说话,还教他站在细枝条上,拍打着翅膀学飞。小八哥很听小泥瓦匠的话,不怕辛苦地学说话,学飞。他终于能说话了,能飞了。他对泥瓦匠说:"我叫小黑,我要干活儿。快快长,快快长。"

小八哥能飞得很高了,冲上蓝天,可以自由自在地飞翔。小泥瓦匠

## 会画图的鸟

没有编个鸟笼子把他关起来,觉得现在这样更好些。

小八哥和小泥瓦匠成了最要好的朋友。每天,他都站在小泥瓦匠的肩膀上,看着他一笔一笔地在房檐的挡板上、橡子上涂颜色,画鸟、花,觉得怪好看的。后来看得多了,小八哥也想试一试帮着画。

有一次,小泥瓦匠挺用心地画着一只鸟,画来画去,鸟的眼睛总画不像。小八哥就从身上拔下一根羽毛,飞到颜料碗旁,蘸饱了好看的颜色,三笔两笔,真没想到把一只鸟眼睛画得滴溜儿圆,真像活的一样。小泥瓦匠和大伙儿看了都说好。小泥瓦匠让小八哥站在自己的手心里,亲切地说:"小黑小黑,你帮了我的

大忙,我不知道你还会画图哩!你真行!你是世界上最聪明的鸟。"

从那天开始,小八哥做了小泥瓦匠的好帮手,小泥瓦匠做起工来也快了。他们还分了工,小泥瓦匠专门画花,小八哥专门画鸟。附近村子里有个流氓,外号叫"歪戴帽",听说小泥瓦匠有只小八哥会画图,就跑来了。

"小泥瓦匠,你这只鸟是哪儿来的?"小泥瓦匠一看是"歪戴帽",很不高兴地说:"这是我自己的小八哥。"

"嗬,还长得挺不错哩!""歪戴帽"一边说着,一边伸手去抓小八哥。

小八哥见"歪戴帽"要抓他,就往小泥瓦匠的怀里钻,没想到"歪戴帽"动手

## 会画图的鸟

快,一下抓住小八哥,拼命往家里跑。小泥瓦匠在后面紧追,怎么也追不上他。

"歪戴帽"抓着小八哥跑回自己家里,把门窗关得严严的,备好画图用的颜料碗,再铺好一张上等白纸,在小八哥的身上拔了一根羽毛,叫他画一幅"百鸟朝凤"图。小八哥默默地站在桌子上,不肯画。

"歪戴帽"急坏了,大声吼着:"你快画呀!画得好,我赏你吃肉,吃小米。"

小八哥提高嗓门儿叫着:"我不画,你是坏蛋!"

"歪戴帽"听了火冒三丈,他掐住小八哥的脖子恶狠狠地说:"你不画,我就把你绑起来,给大白猫当点心吃!"

小八哥怎么也不肯画。晚上,"歪戴帽"把小八哥的翅膀和腿绑得紧紧的,拿在手里,没见到大白猫。他又走到院子里,外面黑乎乎的,什么也看不清楚,只看到院子的墙旮旯儿里有只小动物蹲在那里。这是大白猫吧?他瞄准了,把小八哥扔过去,心想,这只小八哥,就要落到大白猫的肚里去了。

说起来真巧,小八哥偏偏落到兔子的怀抱里了。原来"歪戴帽"的院子里有块菜地,一只野兔从院子外面的山坡边打了个洞,一直通到这个院子里,他常常到这块菜地里来,掰些菜叶子吃。这天晚上,他也是来掰菜叶子的,见到这只被绑住的小八哥,就保护起来。他问:

## 会画图的鸟

"小八哥,你怎么会给绑起来呢?"小八哥把经过告诉了野兔,野兔很同情小八哥。他说:"小八哥,你不用发愁,我从洞里把你救出去,出了洞,很快就能见到你的好朋友。这绳子绑得太紧了,我解不开,我就抱着你钻洞吧!"

野兔抱着小八哥出了洞,急急忙忙跑着跳着,把小八哥送到小泥瓦匠的家里去。小泥瓦匠正想念小八哥的时候,门外传来轻轻的敲门声,"咚咚咚"!小泥瓦匠急忙去开门,在暗淡的灯光下面,一眼看到野兔怀里紧紧抱着个东西。这个东西先说话了:"我回来啦,是兔哥哥救的。谢谢他,谢谢他。"

小泥瓦匠听出是小八哥在说话,马

上蹲下身去接,啊,小八哥给细绳子绑得紧紧的,一点也不能动弹。他赶快把绳子解开,小八哥又乖巧灵活地站在小泥瓦匠的手心里了。他们都高兴得欢闹起来,屋子里一下子变得很热闹了。"歪戴帽"得知小八哥还活着,又来找小泥瓦匠了。左邻右舍都跑出来把"歪戴帽"狠狠揍了一顿,吓得这个流氓再也不敢来了。小八哥和小泥瓦匠,又给大家画花鸟了,他们画得比过去更逼真,更美丽啦!

### 词语积累

蒙蒙亮:形容早晨天刚发亮。
辛苦:身心劳苦。
暗淡:昏暗,不光明
灵活:指敏捷,不呆板。

## 小猫钓鱼

猫妈妈有两个孩子，一个女孩子叫妙妙，一个男孩子叫咪咪。猫弟弟咪咪是爱睡懒觉的，猫妈妈和猫姐姐妙妙早就起来啦，他还钻在被窝儿里睡着，不肯起来。猫妈妈打开窗子，太阳光就笑着跑进来，把屋子里照得金光透亮。猫妈妈回过头来，对着猫弟弟的小床叫道："咪咪，时候不早啦，快起来吧。"猫弟弟伸个懒腰坐起来。他赶快洗了个脸，就

跟妈妈姐姐吃早饭去了。

这是个春天的早晨,天气很好,各种各样花儿的香味,从田地里,从山坡上,一阵一阵地飘进屋子里来,真香啊!

猫妈妈说:"我们到小河边去钓鱼吧,你们快把钓鱼竿拿来。"他们都扛着一根钓鱼竿,到小河边钓鱼去了。小河里的水碧绿清澈,几只鸭子在游来游去找东西吃。他们看见猫妈妈带着两个孩子来钓鱼,就让开了,向别处游去。猫妈妈帮着猫姐姐猫弟弟装上鱼食,把钓竿放到小河里,叫他们静静地等着,不能说话,也不能跑开。猫姐姐跟着妈妈站在老地方不动,猫弟弟拿着钓竿站了一会儿,看看没有鱼游过来,他就换个地方,

等了一会儿,又换了个地方。这个时候,猫妈妈钓到一条小鱼了,猫姐姐也钓到一条小鱼了,就是猫弟弟没有钓到鱼。

猫弟弟等着鱼儿游过来,他决定不再换地方了。他看着看着,有只红蜻蜓飞来了,恰好停在他的钓竿的头上。他把钓竿轻轻地抽回来,想捉住这只红蜻蜓,碰巧有一条小鱼正在吃鱼食,他的钓竿一动,小鱼吓跑了,那只红蜻蜓也飞开啦。猫弟弟想想真有点可惜,要是不捉那只红蜻蜓,那条小鱼就钓到了。

这回他坐在草地上,要好好钓鱼了。一对蝴蝶从山坡上飞过来,就在一朵紫云英花旁边飞着转圈。猫弟弟看看这对蝴蝶真美,金黄的颜色,多漂亮啊!猫弟

弟放下钓竿悄悄地跑去捉蝴蝶了。蝴蝶飞到哪里,他追到哪里,越跑越远,他一直跑到山坡那边去了。

小河旁有只大青蛙,他看得很清楚,看到猫弟弟不好好钓鱼,很生气。他想:"让我来想个办法,叫猫弟弟自己想想也害臊。"

大青蛙扑通一下跳进小

河里,在河底里找到一只烂草鞋,轻轻地挂在猫弟弟的钓钩上。猫妈妈看到猫弟弟跑得老远,就喊他:"咪咪,你上哪儿去啦?快来钓鱼!"猫弟弟跑回来了,看到妈妈和姐姐钓起好多条鱼。这时候,猫姐姐又钓起一条大鱼来。猫妈妈说:"你看,妙妙又钓到一条大鱼啦,你呢?"

"我也能钓到一条大鱼。"猫弟弟说着去看自己的钓竿。哈!钓竿上的线都沉到水底里去啦。他赶快拿起钓竿,觉得挺重的,就大喊起来:"一条大鱼!一条大鱼!"可是提起钓竿来一看,原来是只烂草鞋。猫弟弟狠狠地把烂草鞋扔进小河里,低着头不说话了,他多害臊啊!

大青蛙在小河对岸咯咯咯地大笑,他说:

"小猫小猫,你真糟糕,钓不到鱼,想想害臊……"大青蛙还想说些什么,猫弟弟气得冒火了,捡起一颗小石子儿扔过去,大青蛙"扑通"一声,又跳进小河里了。

时候不早了,该回家吃午饭啦!猫妈妈叫他们收起钓竿回家,猫姐姐提着一大串鱼,猫弟弟连一条小鱼也钓不到,又被大青蛙笑话了,心里可真不高兴。吃饭的时候,猫弟弟想多吃点鱼,猫姐姐说:"你钓鱼不好好钓,吃鱼倒想吃得多。"猫弟弟噘起嘴巴,快要哭出来了。猫妈妈说:"咪咪,你吃吧,以后要好好钓鱼,不要光爱玩儿。"

这一顿饭吃得真香,鱼的味道鲜极啦!猫姐姐钓起来的那条大鱼晒鱼干啦,

鱼干也很香很好吃的。可是猫弟弟钓的鱼在哪儿呢？啊，一条小鱼也没有。

猫妈妈和猫姐姐都去睡午觉了，猫弟弟不想睡，他跑到院子里去看那条用来晒鱼干的大鱼，心里想："妈妈、姐姐都钓到鱼啦，我没有钓到，不钓鱼哪有鱼吃呢？我要钓一条这样大的大鱼。"猫弟弟拿起钓竿，独自跑到小河边钓鱼去了。猫弟

## 小猫钓鱼

弟钓着钓着，小鱼大鱼都没有来吃鱼饵，还是没有钓到鱼。他想回家去，想一想又不好，没有钓到鱼，怎么能回去呢？

有一只大白鹅游过来了，对猫弟弟说："小猫，小猫，你真是一只好小猫，现在还要来钓鱼，你钓到鱼没有？"

猫弟弟摇摇头，不说话。"那你一定能钓到鱼的，说不定能钓到一条大鱼。"大白鹅说着，往前游去。猫弟弟站在老地方，看住钓竿，一步也没有走开。没过多少工夫，嘿，钓竿上的线全都往下沉啦，钓竿也动起来啦，猫弟弟赶快提起钓竿往上挥，怎么也挥不动，钓竿都弯了，一定是条大鱼。他单个儿力气小，拖不起来，急得不得了。

忽然后面有谁在叫他:"弟弟,你别钓鱼啦,妈妈叫你回去。"

猫弟弟喘着气说:"姐姐,你快来帮帮忙,我钓到一条大鱼啦!"

猫姐姐帮着猫弟弟把一条大鱼拖起来,大鱼啪啪地拍打着尾巴躺在地上,一下子又蹦起八尺高,猫弟弟赶快跑过去捉住。他两手提不动,猫姐姐就帮他抬起来,他们抬着这一条大鱼,跑回家去了。猫弟弟真的钓到一条大鱼啦!

### 词语积累

清澈:形容清而透明。
可惜:指的是令人惋惜。
糟糕:指事情或情况不好。
害臊:害羞、难为情、不好意思。
味道:滋味。

# 谢谢小花猫

早晨天刚刚亮,鸡大哥和鸡大嫂就起来了,他们天天起得那么早。这天早上,鸡大嫂吃过早饭,就要生蛋了。她坐在暖烘烘的窝里,生啊生啊,生出一个大鸡蛋来。你猜这个鸡蛋有多大?大得就像个大香瓜,大极啦!鸡大嫂看了又看,她高兴得咯咯咯咯直叫唤,世界上哪儿也找不到这样的大鸡蛋。她急得来不及关上门,就飞着蹦着跑出去,告诉鸡大哥

去了。

她一面跑,一面唱着:

咯咯咯咯,咯咯咯咯,
生个大鸡蛋,想想真快乐。
大鸡蛋,大蛋壳,
孵出小鸡来,就会叫咯咯。

没过多少工夫,鸡大嫂就跑得很远很远

了。两只大老鼠躲在墙角里,听到鸡大嫂那样高兴地唱着歌,知道她一定生了一个大鸡蛋。两只大老鼠就偷偷地跑到鸡大嫂的家里去,要偷那个大鸡蛋。鸡大嫂没有把门关好,两只大老鼠一钻就钻进去了。那个大鸡蛋实在太大了,一只老鼠捧不动,再加一只老鼠也捧不动,怎么办呢?他们想出一个办法来,一只老鼠抱着大鸡蛋,仰天躺在地上,像一条船,另一只老鼠就拉住他的尾巴拖着走。"嗨哟!嗨哟!"走到半路上,碰见一只小花猫,两只老鼠吓坏了,丢下大鸡蛋就逃。小花猫捡起大鸡蛋来,一看,知道是鸡大嫂生下来的大鸡蛋,就捧着大鸡蛋走到鸡大嫂的家里来。

鸡大嫂陪着鸡大哥来看大鸡蛋了。鸡大哥心里真着急,就想早些看到大鸡蛋,他张开翅膀,装了个样子,就问:"有这么大吗?"

鸡大嫂说:"还要大哩。"

鸡大哥再把样子装得大些:"那么有这么大?"鸡大嫂摇摇头说:"你别问了,快去看吧。"他们走进家里一看,啊,窝里的那个大鸡蛋哪里去啦?给谁偷去啦?

这个时候,小花猫捧着大鸡蛋进来了,他问:"这个大鸡蛋是你们的吗?"鸡大嫂捧过来一看:"哈!就是这个大鸡蛋,是我们的。"

现在大鸡蛋找到了,鸡大嫂和鸡大哥可高兴呢!可是,鸡大嫂再细细一看,

大鸡蛋尖上的蛋壳有点破了,这是给老鼠摔坏的。鸡大嫂心疼得掉眼泪了,鸡大哥心里也很难过,小花猫心里也难过。

小花猫说:"你们不要难过,那两只大老鼠一定还会来偷鸡蛋的,我们想办法捉住他们。"鸡大嫂、鸡大哥和小花猫都坐下来,想办法要捉住那两只大老鼠。

第二天早上,鸡大哥"喔喔喔"刚叫过,他们就起来了。鸡大哥先到田里去捉虫,鸡大嫂一面跑着,一面还是唱着昨天唱过的《生蛋歌》,装作刚生下蛋,很高兴的样子。没过多少工夫,他已经走得老远老远了。两只大老鼠躲在墙角里,他们想,鸡大嫂一定又生下大鸡蛋啦,快去偷啊!他们这回又多了两只小老鼠,四只

老鼠很快地钻进鸡大嫂的家里,东翻西翻的,把被子衣服都翻乱了,把窝里的东西都扔在地上了,怎么也找不到一个大鸡蛋。把柜子打开来,扔掉里面的碗哪,玻璃瓶子呀,还是找不到大鸡蛋。他们揭开锅盖,锅里有白米饭,四只老鼠就乱吃乱扔,扔得满地都是饭。

这个时候,只听到"喵"一声叫,两扇大门乓地关上了。原来那只小花猫就躲在大门后面,现在跳出来啦!四只老鼠吓得直发抖,就乱蹦乱逃了。小花猫跳过去,一下子咬住一只大老鼠,把这只大老鼠咬死了。他丢下死老鼠,又去追那三只老鼠。两只小老鼠爬到一根柱子上,他们想:"这下子小花猫可捉不到我们

了。"可是小花猫的本领挺大的,他很快就爬了上去,伸出两只前爪,刚要抓住小老鼠,这时候大门呀的一声响,那只大老鼠逃出去了。小花猫回过头一看,那两只小老鼠也逃走了。小花猫像飞一样地冲出大门,去追那三只老鼠。

那只大老鼠和两只小老鼠逃得好快,在大路边上趵趵地跑着。他们想:"现在可好,我们没有危险啦。小花猫,你就是长上八条腿,也抓不住我们。"他们刚拐了弯,想往东逃,没想到鸡大哥和鸡大嫂就躲在那里,把三只老鼠拦住了。三只老鼠赶快回过头来往南逃,又给鸭大哥和鸭大嫂拦住了。这时候小花猫也跑来啦,三面围拢来,三只老鼠都给捉住了。

鸡大哥和鸡大嫂很高兴,他们恨透了老鼠这坏东西,现在真该谢谢小花猫呢!

小花猫说:"不谢不谢,捉老鼠就是我的工作,你们再看到老鼠,就叫我来捉好啦。"后来,鸡大嫂又生了个大鸡蛋,用这个大鸡蛋孵出的小鸡,又大又胖,花花的毛,好看极啦!

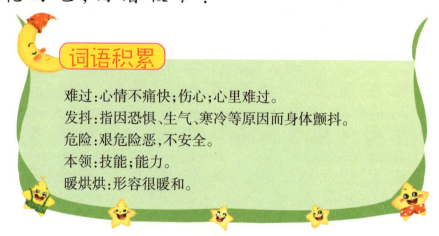

**词语积累**

难过:心情不痛快;伤心;心里难过。
发抖:指因恐惧、生气、寒冷等原因而身体颤抖。
危险:艰危险恶,不安全。
本领:技能;能力。
暖烘烘:形容很暖和。

# 小鸭子学游水

鸭妈妈带着六只小鸭子,从远处的草地上走到河边来。他们排着队,一摆一摆地走着。走到河边,鸭妈妈先下了水,她对小鸭子们说:"好孩子们,你们一个一个地下来吧,要**勇敢**些。"

第一只小鸭子跳下水去,鸭妈妈扶他一把,他靠在妈妈的身边,用翅膀拍打着水,很快乐。

第二只小鸭子刚想跳下水,却站住

了。鸭妈妈说:"好孩子,像你哥哥一样地下来吧,胆子要大,别害怕呀。"

第二只小鸭子也跳到水里去了。这样一直轮到第六只小鸭子跳了,这是最小的一只小鸭子,他的个子瘦瘦的,身上的黄毛也长得很少,稀稀拉拉的,好像一个小秃子,大家都叫他小黄毛。他慢慢地走到河边,老是不下去。

鸭妈妈一次又一次地说:"小黄毛,快下来吧,胆子要大,胆小是学不会的。"

小黄毛还是不肯下水。

这时候,鹅阿姨带着小鹅们游过来,看到鸭妈妈就招呼:"鸭大嫂,你好!"

鸭妈妈说:"啊!鹅妹妹,你好!"

鹅阿姨说:"你这几个孩子长得很好

哇!黄黄的毛,胖嘟嘟的身体,长得真美!"

鸭妈妈说:"你的孩子也都长得不错呢!胖胖的,多有趣!可是我的最小的孩子长得太瘦啦,你瞧。"鸭妈妈指着岸上的小黄毛。

鹅阿姨说:"嗯!这孩子长得太小

了,你多照顾他吧,他还是长得蛮有趣的。"小黄毛站在河岸上,低着头,很怕羞的样子。他瞧了一下妈妈,又把头低下去了。鸭妈妈见小黄毛老不肯下水,就游到岸边,准备带他下水。小黄毛看见妈妈向他游来,干脆掉转身子,一摆一摆地要跑回家去了。鸭妈妈赶快爬上河岸,哄着小黄毛回来。小黄毛很害怕地跟妈妈一同下了水。他在水面上浮着,拼命地挤到妈妈身边。他的哥哥姐姐们都离妈妈比较远,而且游得很有兴趣。鸭妈妈拍着翅膀说:"孩子们,快跟我来吧!"说着就向河中心游去了,小鸭子们都跟着游去,可是小黄毛很害怕,不敢往前游。鸭妈妈一边游,一边回过头来对

小黄毛说：":好孩子，快来吧，来！看谁游得快。"小黄毛游得很慢，远远地落在后面了。鸭妈妈就停下来等着，等小黄毛赶上来，再往前游。后来小黄毛又赶不上了，他自己好像没有信心去追赶，看到有一处河边长满了芦苇，他想钻到芦苇丛里去躲。鸭妈妈看到了，赶忙游过去，拉着他游出了芦苇丛，再让他自己游。小黄毛跟在妈妈的后面，很吃力地游着。

他们游了好一会儿工夫，要回家了。鸭妈妈帮着孩子们爬上了河岸，摇摇摆摆地回家去。在一块草地上，小鸭子们在那里玩儿。日子过了一个多月，他们都长大了些，小黄毛也长大了些，可是比起他的哥哥姐姐来，他还是长得很小的。

他们有的追逐着蚱蜢,有的侧着脑袋在研究最好看的花。小鹅们也来了,他们和小鸭子们在一块儿,玩得很好。后来小鹅们说:"我们到河里去游水吧!看谁游得好。"

小鸭子们嘎嘎地叫着说:"哇!好哇!"小鹅、小鸭子们都跳到水里去了,只有小黄毛还站在岸上,不想下水。小鹅、小鸭子们都叫他一同游,他总是不肯。小鹅、小鸭子们开始游水了,他们自己喊着"一!二!三",翅膀拍着水面,就很快地游起来了。小黄毛在岸上看着,他看到自己的哥哥姐姐游得那么快,游得那么好,越看越有兴趣,也想下去游水了。他站在河边,看到水里自己的倒影,

那么瘦,哥哥姐姐们都长得那么结实。他偷偷地下了水,自个儿开始游起来,老是在水浅的地方游,不敢游到河中心去。

游着游着,忽然他的一条腿给什么东西咬住了,他拼命地挣扎,可是怎么也挣不脱。他急得没有办法,就大叫起来:"救命啊!救命啊!"

小鹅、小鸭子们正要进行游泳比赛,听到小黄毛的叫喊声,赶快游过来。有一只小鸭子伸长脖子钻到水里去,他的嘴里衔着一堆水草,钻出了水面。大家见了都笑起来,原来小黄毛的一条腿给河边的一丛水草绊住了。小黄毛的胆子真小,他也怪自己为什么不钻进水里去瞧一瞧呢?这样多丢脸哪。小鹅、小鸭子

们鼓励他,帮助他,要他也参加游泳比赛,小黄毛想想有点害怕,不肯参加,可是大家一定要他参加。

比赛的时候,小黄毛实在游得太慢了,好不容易游到终点,他落在最后面,低着头,心里很不愉快。小鹅、小鸭子们安慰他,要他再参加,他怎么也不肯参加了。他自个儿爬上了河岸,回去告诉自己的妈妈:"妈妈,我游水游不好,游不快。"

鸭妈妈说:"你要勇敢些,要多学,慢慢就会游得好了。"

小黄毛大声地说:"妈妈!那么你再教我游吧,这回我一定好好地学。"

鸭妈妈说:"这样才是个好孩子。来吧,现在就跟我去游水。"鸭妈妈带着小

黄毛走到河边,一起下了水。她做出各种样子来,潜水、往前游、拐弯,还有很多花样,叫小黄毛跟着她学。小黄毛这回懂得了该怎么游,他游着游着,觉得有趣极了。他本来是怕游水的,现在能够大胆地游水了。

早晨,太阳刚出来,小黄毛就自个儿到河边去练习游水,还练习潜水,他游到河这边,又游到河那边,再一直沿着小河游去。小黄毛游得累了,站在河上,瞧着水面上自己的倒影,对自己说:"我游得还不好,我要天天学。"他张开翅膀,又跳到河里游水了。

有一天早晨,天气不太好,天空中有一朵朵的乌云。小黄毛望望天空,还是

跳到河里去游水。他游了没多久，忽然刮起大风来，接着哗哗地下大雨了。他在河中心被大风吹得直打转，没法儿往前游。他向岸边游来，被大风一吹，又往后退了好远一段路。大雨打得他睁不开眼睛，可是他不管，还是拼命地往前游。刚要游到河边，被大风一吹，又退开了，而且这一次退得很远很远。他已经没有力气往前冲了。

这时候，他听到妈妈在找他，在大声地喊着："小黄毛！小黄毛！"小黄毛用出全身的力量，又向前冲，他拼命游着，游着，到底爬上了河岸。鸭妈妈跑到河边，在大雨中看到小黄毛很吃力地走着，赶快跑过去，很亲热地抱住了小黄毛。

她说:"小黄毛,妈妈可找到你了。"

小黄毛说:"妈妈!我能游水啦。"

鸭妈妈带着小黄毛,赶紧跑回家去。

到了夏天,小黄毛已经游得很好了。他的身上已经长满了羽毛,身体也结实了。他和哥哥姐姐们一样的健康、美丽。

他用嘴巴梳梳身上的羽毛,张张翅膀,样子很勇敢。他看到水里自己的倒影,高兴地笑起来。

有一天早晨,天气很凉爽,太阳照在河面上闪出金光,小黄毛拍拍翅膀,又到河里去练习游水了。在一棵大树的身上,贴了一张布告,上面写着:今年出世的小鹅、小鸭子们都长大了。按照老规矩,要举行一次游泳比赛,希望小鹅、小鸭子们都参加。

从这一天起,小黄毛和他的哥哥姐姐们练习游水,练得更好了。他们练习长距离游水,还练习潜水。

游泳比赛的日子到了,这一天可真热闹哇!所有的鹅呀、鸭子呀,都跑来看

## 小鸭子学游水

比赛。举行游泳比赛的地方,就在小河上。看比赛的鹅和鸭子们都在猜想:谁会得到第一呢?有的说那只长脖子小鹅会得到第一名,有的说那只大翅膀小鸭子会得到第一名。

鸭妈妈担心着自己的小黄毛,他很难得到第一。鸭妈妈心里想着:"可别把小黄毛累坏啦。"

比赛开始了。小鹅、小鸭子们在河边排成一个很长的横队,发号令的是一只长脖子的鹅,他大声喊着:"准备!"长脖子大鹅重重地拍了一下翅膀,小鹅、小鸭子们都很快地出发了,快得像一支支射出去的箭。他们沿着河流,一直向前游去,拐弯的地方,要钻过芦苇堆成的

障碍,还要做潜水表演。小黄毛很快地游着,有一只小鹅本来游在最前面的,他看到小黄毛追来,满不在意,故意逗着小黄毛玩儿。他张开翅膀,一边游,一边不让小黄毛追上,小黄毛身子一闪,追过了这只小鹅。小鹅看到小黄毛在他的前面了,着急起来,赶快追上去,他又在小黄毛的前面了。可是小黄毛一点也不慌张,他要追过这只小鹅。游着游着,他又在小鹅的前面了,小鹅拼命地追,怎么也追不上他,就这样一直游到终点。观众都拍着翅膀叫喊:"小黄毛得第一了!小黄毛得第一了!"

小鹅、小鸭子们都跑过来,围住小黄毛。有几只大鹅把小黄毛举起来,举得

高高的。鸭妈妈紧紧地拥抱着小黄毛说："真想不到你会得到第一。你是我们最勇敢的孩子啊！"鹅阿姨也跑过来，用翅膀拍拍小鸭子的背说："小黄毛，你真是个勇敢的孩子。"小黄毛笑着，他被大家说得有点害臊了，把脑袋藏到了翅膀里。

现在，他的个子长得和别的小鸭子一样大了，他很高兴自己已经变成了一只挺勇敢的、挺结实的小鸭子了。

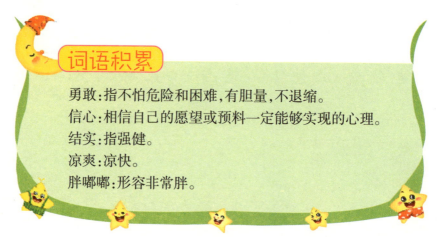

**词语积累**

勇敢：指不怕危险和困难，有胆量，不退缩。
信心：相信自己的愿望或预料一定能够实现的心理。
结实：指强健。
凉爽：凉快。
胖嘟嘟：形容非常胖。